दो अक्स
(काव्य संग्रह)

डॉ० अम्बरीश कुमार श्रीवास्तव

Copyright © Dr. Ambrish Kumar Srivastava
All Rights Reserved.

ISBN 978-1-63940-054-6

This book has been published with all efforts taken to make the material error-free after the consent of the author. However, the author and the publisher do not assume and hereby disclaim any liability to any party for any loss, damage, or disruption caused by errors or omissions, whether such errors or omissions result from negligence, accident, or any other cause.

While every effort has been made to avoid any mistake or omission, this publication is being sold on the condition and understanding that neither the author nor the publishers or printers would be liable in any manner to any person by reason of any mistake or omission in this publication or for any action taken or omitted to be taken or advice rendered or accepted on the basis of this work. For any defect in printing or binding the publishers will be liable only to replace the defective copy by another copy of this work then available.

क्रम-सूची

भूमिका vii

मुक्त गज़लें

1. वो लौट कर 3
2. कुछ और नहीं 4
3. प्यार करने के 5
4. मेरे दिल को 6
5. तेरा चेहरा अब 7
6. तुम्हारे साथ होकर 8
7. तुम इस कदर 9
8. अपने दम पर 10
9. इंसान ही हूँ 11
10. दिल और दिमाग 12
11. दुनियाँ की फ़िक्र 13
12. तेरा अंदाज़-ए-बयाँ 14
13. देखो फिर वो 15
14. जितना तेल था 16
15. जुबाँ भले ही 17
16. इंसान जब अपने 18
17. उन्होंने मुझे आज 19
18. ये सितम अब 20
19. भाई भाई का 21
20. जाने किस गरूर 22

क्रम-सूची

21. जाने वाले को	23
22. रौनके ज़िस्म	24
23. खबर नहीं कि	25
24. उल्फत ने कब	26
25. मुझको कोई नया	27
26. न नगमा न	28
27. चार दिन की	29
28. ये जिंदगी !	30
29. हर तरफ़ मातम	31
30. हर तरफ़ ही	32
31. जो कुछ आज	33
32. खुद भी सोइये	34
33. कलियाँ हमसे	35

स्वतंत्र गज़लें

34. शौक से	39
35. कौन?	40
36. छोड़ दिया	41
37. जा रहे हैं	42
38. अभी बाकी है	43
39. बहुत हैं	44
40. हुज़ूर	45
41. रहा हूँ मैं	46

क्रम-सूची

42. तो सही —— 47
43. रहते हैं —— 48
44. तो नहीं —— 49

भूमिका

'दो अक्स' (Double Reflexion) दो प्रकार की रचनाओं का संग्रह है जो ग़ज़ल की तर्ज़ पर लिखी गयीं हैं। इससे पूर्व इस तरह की रचनाओं का एक संग्रह 'अक्स' (The Reflexion) के नाम से उपलब्ध है जिसमें 'मुक्त-ग़ज़लों' का ज़िक्र किया गया है। यें रचनायें ग़ज़ल के बन्धनों से पूर्णतः मुक्त है परन्तु इनका भाव और प्रकटीकरण बिलकुल ग़ज़ल जैसा ही है। 'दो अक्स' में मुक्त-ग़ज़लों के अलावा एक नयी तरह की रचनाओं को भी समाहित किया है। जिसको मैं 'स्वतंत्र-ग़ज़ल' का नाम देता हूँ। मुक्त-ग़ज़लों की तरह ये स्वतंत्र-गज़लें भी किसी बंधन को नहीं मानती। साथ ही इनकी कुछ और विशेषताएं भी हैं। पहली विशेषता यह है कि इनमें सिर्फ शेर ही हैं और दूसरी यह कि हर शेर के अंत के शब्द समान हैं। यहीं समान शब्द स्वतंत्र-ग़ज़ल के शीर्षक आसानी से बन जाते हैं। इस तरह दो खंडो में समाहित यह 'दो अक्स' अस्तित्व में आया है। आप 'अक्स' की तरह इसे भी प्यार देंगे, ऐसा मेरा मानना है। हमेशा की तरह आपके किसी भी तरह के सुझाव का तहेदिल से स्वागत है।

शुभेच्छु,
डॉ० अम्बरीश कुमार श्रीवास्तव
सहायक आचार्य
दीनदयाल उपाध्याय गोरखपुर विश्वविद्यालय, गोरखपुर
उत्तर प्रदेश, भारत
संपर्क सूत्र: 9415620016
ई-मेल: aks.ddugu@gmail.com

मुक्त गज़लें

1. वो लौट कर

वो लौट कर आये जो जाने वालों में से थे
याद किया जिसने वो भुलाने वालों में से थे

ग़म को बचा-बचाके हम मय को पी गए
दर्द पीने लगे जो पिलाने वालों में से थे

न आने की कसम पर दूर गए थे हमसे
तोड़ दी कसम जो निभाने वालों में से थे

निगाहें नीची किये अपनी हर इक खता पे
बयाँ करते हैं जो खुद छुपाने वालों में से थे

इतनी सादगी आई आखिर कहाँ से 'अक्स'
पानी डाल रहे जो घर जलाने वालों में से थे

2. कुछ और नहीं

कुछ और नहीं बस इक इन्तक़ाम बाकी है
शुकून की शाम का वह जाम बाकी है

जिंदगी ने लिए कदम कदम पर इम्तहाँ
उन सभी इम्तहानों का अंजाम बाकी है

यूँ तो आज गली गली में मेरे हैं चर्चे
पर किसी की जुबां पे मेरा नाम बाकी है

कैसे अभी हट जाऊं मैं तुम्हारी राहों से
यह तो कुछ भी नहीं असल काम बाकी है

मायूस मत हो 'अक्स' लोगों की बेरुखी से
तुम्हारे हर हुनर का ईनाम अभी बाकी है

3. प्यार करने के

प्यार करने के लिए अब दिल जरूरी हैं नहीं
गीत गाने के लिए महफ़िल जरूरी है नहीं

अब तो प्यार इक सौदा बनकर रह गया है
हमसफ़र तेरा हो इस काबिल जरूरी है नहीं

खून होता है न जाने कितने अरमानों का
क़त्ल करने वाला हो कातिल जरूरी है नहीं

प्यार की दरिया में बहना चाहते हैं यूँ सभी
किसी को मिले भी साहिल जरूरी है नहीं

4. मेरे दिल को

मेरे दिल को न यूँ दुखाया करो
वादे पर तो कभी आ जाया करो

माना कि तुम हो हसीं, दिलनशीं
मेरे भी हुनर को न भुलाया करो

बहक मैं गया फिर तुम पछताओगी
मुझको इस कदर न जलाया करो

मुझसे मिलना तुमको गर नागवार हो
बहाने फिर मुझे न बताया करो

मैंने कब कहा, मुझसे बातें करो पर
रोज मुझको न छत पर बुलाया करो

5. तेरा चेहरा अब

तेरा चेहरा अब उतना असरदार न रहा
तेरी निगाहों में अब वह प्यार न रहा

मैंने कहा था, लौट आऊंगा एक दिन
तुझको शायद मुझपर ऐतबार न रहा

तेरी इक झलक ही कभी देती थी शुकूँ
तू सामने है मगर अब करार न रहा

तूने मुझसे ली थी साथ जीने की कसमें
फिर क्यूँ तेरा खुद पर अख्तियार न रहा

दुनियाँ तेरी दीवानी आज हो गयी तो क्या
इस जहाँ में मगर तेरा ये यार न रहा

6. तुम्हारे साथ होकर

तुम्हारे साथ होकर मेरा बचपन लौट आता है
न जाने कितने जन्मों का तुम्हारा मेरा नाता है

सुनहरी यादों की आहट और फिर वक़्त की करवट
पुरानी खुशबुओं से फिर मेरा मन मोह जाता है

वही किस्से वही झगड़े और वो खेल बचपन के
कोई इक बार फिर से खेलने मुझको बुलाता है

न पाने की ख़ुशी हो कुछ न खोने का हो कोई ग़म
ज़िन्दगी का हसीन पल यही बचपन कहलाता है

जैसे कोई सपना टूटा हो जो तेरा साथ छूटा हो
तुम्हारा जाना मुझे आज भी बहुत रुलाता है

7. तुम इस कदर

तुम इस कदर खामोश क्यों हो, कुछ तो कहो
मुझे यूँ देखकर बेहोश क्यों हो, कुछ तो कहो

मैं न कहता था, इक दिन तुम्हे बेचैन कर दूंगा
ज़रा सी बात पे मदहोश क्यों हो, कुछ तो कहो

कहाँ गया वो लहजे का वज़न और तल्खियाँ
यार अब कोई सरगोश क्यों हो, कुछ तो कहो

मैं मानता हूँ कि हालातों से ज़ख्मी हुए हो तुम
पर हालात को अफ़सोस क्यों हो, कुछ तो कहो

8. अपने दम पर

अपने दम पर ही यह काम कर जाऊंगा
तुझे भरी महफ़िल में बदनाम कर जाऊंगा

बड़ा गरूर है तुझे अपनी शानोशौकत पर
देख लेना अपना भी मैं नाम कर जाऊंगा

एक भी लफ्ज़ मुनासिब न समझूंगा तुझपर
खामोशियों में ही बातें तमाम कर जाऊंगा

दुनियाँ के कर कोने में रोशन होगा नाम मेरा
इसके आगे तुझको मैं बेनाम कर जाऊंगा

इस टूटे हुए मेरे दिल का वादा है तुझसे
तेरे इस दिल के टुकड़े तमाम कर जाऊंगा

चन्द दिन चमक ले दौलत की रौशनी में
तेरे इस दिन को अँधेरी शाम कर जाऊंगा

गर पूरा न कर पाया अपना वादा ये 'अक्स'
खुद को इस दुनियाँ में गुमनाम कर जाऊंगा

9. इंसान ही हूँ

इंसान ही हूँ मैं मुझे तुम हैवान न समझो
पत्थरदिल को कभी भगवान न समझो

उजाड़ने वाला हूँ मैं दिलों की बस्तियां
मेरे टूटे हुए दिल का अरमान न समझो

जिसने कभी गैरों के शुकूं की न फ़िक्र की
उस बदजात बेगैरत को इंसान न समझो

दरिया-ए-जहाँ की थाह लगाना है मुश्किल
इसे तैरकर निकल जाना आसान न समझो

10. दिल और दिमाग

दिल और दिमाग में यह कैसी जंग है
यही सोचकर तो हर आदमी दंग है

दिमाग जो कहता है दिल मानता नहीं
दो दुश्मनों का यह अजीब संग है

लाख समझाओ ये लड़ते ही रहते हैं
बेचारे आदमी का चैनोशुकून भंग है

किसी को ठेस पहुँचे रोता है आदमी
हरेक आखिर आदमी का ही अंग है

पलों में करतें हैं पलकों से नींद गायब
लाचार आदमी की जिंदगी ही तंग है

एक जानता है दूजा करता नहीं महसूस
तकदीर भी यह कैसा बेमेल रंग है

क्यों एक ही छत में रहते हैं ये 'अक्स'
खुदा, इंसान बनाने का कैसा ढंग है

11. दुनियाँ की फ़िक्र

दुनियाँ की फ़िक्र कर ज़रा चल संभल संभल
गलियों के मंजनूओं का दिल जाए न मचल

आहटों से पहचान गए गली के कुत्ते
मान मेरी बात अपनी राह दे बदल

मौसम का इरादा आज कुछ ठीक नहीं है
रेशम का दुपट्टा झोंके से जो गया फिसल

जवाँदिलों का खून तो रफ़्तार लिए है
बुड्ढों का ठण्डा खून भी तो जायेगा उबल

इस जहाँ में कमी नहीं है शूरमाओं की
मैदानेजंग देख कर दिल जायेगा दहल

देख तो ये लोग कमर कसने लगे हैं
आगाज़े जंग हो न जाए यहाँ से निकल

यह दुनियाँ शायरों से भी भरी पड़ी है '
'अक्स' तुझे देखकर लिख डालेंगे ग़ज़ल

12. तेरा अंदाज़-ए-बयाँ

तेरा अंदाज़-ए-बयाँ जुदा जुदा क्यूँ है
दोस्त मुझसे यूँ खफा खफा क्यूँ है

दोस्ती में तो सौ-सौ खताएं माफ़ हैं,
खामोशी से दी यह सजा सजा क्यूँ है

काबिले तारीफ था दीदार तेरा जो कभी
वो खुशनुमा चेहरा छुपा छुपा क्यूँ है

तेरे दिल में चाहत की आग जलती थी
फिर नफरत का यह धुआं धुआं क्यूँ है

जिस चेहरे ने की हमारी जिंदगी रोशन
आज वह चिरागेचेहरा बुझा बुझा क्यूँ है

यूँ जिंदगी में ठोकरें मिलती ही रहती हैं
'अक्स' इंसान जहाँ में बना बना क्यूँ है

13. देखो फिर वो

देखो फिर वो अश्कों की बरसात लेकर आ गए
बिछड़े हुए ग़मों की बारात लेकर आ गए

ये खुदा तू ही बता उनका इरादा है क्या
भूले बिसरे कुछ पल भी वो साथ लेकर आ गए

यादों की भी फ़ौज आई वक़्त ने दस्तक जो दी
शुकूं से न कटती थी वह रात लेकर आ गए

आहटों से चौंक जाना खुद से ही बातें करना
बेशुकूँ बेचैनी भरे हालात लेकर आ गए

हँसते हँसते रोने लगना खुद से ही बातें करना
ज़हन में अब फिर वही ज़ज्बात लेकर आ गए

उनके बिन जीकर जो हमने जिंदगी से जंग की
'अक्स' वो तो आज मेरे मात लेकर आ गए

14. जितना तेल था

जितना तेल था चिराग उतना ही जला
चल पाया जहाँ तक मैं तेरे साथ तो चला

भरे पड़ें है और कई सागर लबालब
ओस से अब होठों की प्यास न बुझा

यकीन कर कि मैं तेरी किस्मत में नहीं हूँ
तू अपनी किस्मत को कहीं और आजमां

मेरे पास ठोकरों के सिवा कुछ भी नहीं है
संग मेरे तू भी वक़्त की ये ठोकरें न खा

मेरे पास अब फ़कत मायूसी की ग़ज़ल है
तू भी 'अक्स' बेखुदी के गीत यूँ ना गा

15. जुबाँ भले ही

जुबाँ भले ही उसकी खामोश रह गयी
नीची निगाह सारी दास्तान कह गयी

जिसका जालिमोंजुर्म से ताल्लुक न था
वो इतने ज़ुल्म एक साथ कैसे सह गयी

जिसको अपने अनछुए दामन पर फक्र था
उसकी नजाकत भी आंसुओं में बह गयी

दामन पर उसके एक काला दाग जो लगा
चेहरे की उसकी सारी रौनक ही ढह गयी

वो ज़ुल्म सहे या करे कसूरवार तो है ही
इक बार 'अक्स' ज़ुल्म की हो फ़तह गयी

16. इंसान जब अपने

इंसान जब अपने इरादे पर डट जाता है
राह का काँटा खुद-ब-खुद हट जाता है

इंसान का हौसला हो फौलाद की तरह
सदियों का सफ़र भी हँसतें कट जाता है

गर इंसान के पास उल्फत की आँधी हो
नफरत का काला बादल यूँ छट जाता है

इंसान के पास आशा की इक किरण हो
हर तरह के हालात से वो निबट जाता है

गर इंसान के पास वफ़ा की हो दौलत
हर तरह के शख्स से उसका पट जाता है

गर इंसान के पास पराक्रम और बल हो
सामने का शत्रु भी पैरों से लिपट जाता है

गर इंसान के पास है सत्कर्म व सद्‌बुद्‌धि
'अक्स' वो इंसान खुदाई से सट जाता है

17. उन्होंने मुझे आज

उन्होंने मुझे आज क्या से क्या बना दिया
सही है क्या गलत है सबकुछ बता दिया

जीवन की राहें मेरी अँधेरे में ही गुम थी
जलकर उन्होंने मुझे रास्ता दिखा दिया

जब भी मेरे जिंदगी की नाव डगमगाई
बढ़कर उन्होंने साहिल तक पहुंचा दिया

जब भी हताश होकर मैं बैठ गया तो
उन्होंने बार बार मुझे हौसला दिया

भगवान के किस्से किताबों में पढ़े थे
उन्होंने खुद भगवान बनकर दिखा दिया

दुनियाँ मुझे नास्तिक कहती रहे भले
'अक्स' उस भगवान में मुझे क्या दिया

18. ये सितम अब

ये सितम अब और हमसे सहे न जायेंगे
क्या चीज हैं हम आज उन्हें खुद बताएँगे

वह वक़्त और था जब हम बेबसी में थे
हर एक ज़ुल्म का हिसाब अब चुकायेंगे

आतंक की उम्र बहुत कम ही होती है
आज हम उनको यह सबक सिखायेंगे

कल तक हमने जितने आँसू बहाए थे
आज उनका उतना ही लहू बहायेंगे

हम अब तक टुकड़ो टुकड़ो में जिए थे
टुकड़ों में उन्हें मौत के दर्शन कराएँगे

उन्होंने हमारा चैनोशुकून छीना था
साँसें हम छीन लेंगे वो जी न पाएंगे

उन्होंने आग हमारे दिल में लगायी थी
'अक्स' वह आग उनके घर में लगायेंगे

19. भाई भाई का

भाई भाई का दुश्मन बना भी है क्यूँ
युद्ध अपनों से ही यह ठना भी है क्यूँ

क्यूँ माँ के कलेजे अलग हो रहे
हर घर में अब मातम मना भी है क्यूँ

जिस आँचल में बस प्यार ही प्यार था
वह आँचल लहू से सना भी है क्यूँ

कि घर अब उजालों से सूना हुआ
अंधेरों का यह आशियाँ भी है क्यूँ

क्या फिर से नहीं मिल सकते 'अक्स'
हर शै की जुबाँ पर यह ना भी है क्यूँ

20. जाने किस गरूर

जाने किस गरूर में डूबी है दुनियाँ सारी
वहम है या कि शायद नादान है बेचारी

दोहा रहीम का भी अब याद नहीं इसको
पढ़ी लिखी होकर भी है अक्ल से हारी

यूँ तो आज दुनियाँ आसमान छू रही है
फिर भी वही पुराने ख्यालातों की है मारी

भाले से गर्दन काटने की कोशिश में लगी
जो काम एक पल में कर सकती है कटारी

हाथ जल जायेगा छूकर देख लो लौ को
राख कर सकती है एक छोटी सी चिंगारी

21. जाने वाले को

जाने वाले को हौसला दीजिये
थोड़ा सा बस मुस्कुरा दीजिये

बन्धन पड़े न उसके पाँव में
आँसूं पलकों में छुपा लीजिए

लौटे वो जल्दी से अपने वतन
खुदा से यही बस दुआ कीजिये

खाली हाथ आए न वो लौटकर
चलते ही उसको बता दीजिये

राह में न रुके वो कभी न झुके
उसे इतनी ताक़त खुदा दीजिये

22. रौनके ज़िस्म

रौनके ज़िस्म गर किसी का दिल चुरायेगी
ऐसी चाहत तो दो पल में ही मिट जाएगी

वक़्त कर देगा खोखला इस बदन को तो
मन की खूबसूरती ही काम आएगी

ऐसी चाहत को अगर प्यार समझ लोगे
प्यार की पूरी परिभाषा ही बदल जाएगी

कभी गरूर मत करना अपने सुन्दर तन पर
यह भूल तुमको बर्बादी तक ही ले जाएगी

प्यार गर तन से नहीं मन से किया जाए तो
ऐसे उल्फत में ही खुदाई नज़र आएगी

23. खबर नहीं कि

खबर नहीं कि कल कहाँ अपने ठिकाने होंगे
आज तेरे साथ बीते पल कल और सुहाने होंगे

कभी थोड़ी सी तकरार कभी जीभर कर प्यार
तेरी यादों को भला किस तरह भुलाने होंगे

अतीत जब भी मुझको पुकारेगा प्यार से
मेरे होठों पर बस तेरे ही अफसाने होंगे

वक़्त से संग उम्र भी कटती ही जाएगी
कहाँ बचपन के दिन लौट कर आने होंगे

फर्क होंगा इतना हमारे आज और कल में
आज के किस्से हैं जो कल के तराने होंगे

24. उल्फत ने कब

उल्फत ने कब भला आसमान छुआ है
उड़ रहा चारो तरफ नफरत का धुंआ है

खुद पर वो गरूर इस कदर भी न करे
वक़्त के हाथों सब कुछ तबाह हुआ है

इन्सान में फर्क इतना भी ठीक नहीं है
मेरे मुँह की गाली उनके मुँह की दुआ है

कौन जीते कौन हारे यह किसे खबर
उन्हें नहीं पता कि जिंदगी इक जुआ है

25. मुझको कोई नया

मुझको कोई नया नाम न दीजिये
इस कदर कोई इलज़ाम न दीजिये

लाज़मी है कि इंसान लड़े जुर्म से
फ़र्ज़ को कोई ईनाम न दीजिये

लड़खड़ाएं कदम मेरे इस राह में
मेरे हाथों में यह जाम न दीजिये

एक दूजे से मिलकर ख़ुशी बाँटिए
कोई नफरत का पैग़ाम न दीजिये

आएगा कभी वह क़यामत का दिन
जुर्म को कोई अंजाम न दीजिये

26. न नगमा न

न नगमा न ग़ज़ल न ही अफसाना हूँ मैं
किसी शायर का न ही नजराना हूँ मैं

लफ़्ज़ों में तुम मुझको बुरा कहो या भला
दर्दमन्दों का बस आखिरी ठिकाना हूँ मैं

कहते हैं मैं सबका आंशियाँ जलाता हूँ
न जाने कितनों का खुद आशियाँ हूँ मैं

दुनियाँ के धोखे या किस्मत की ठोकरें
न पहुँच पाए जहाँ वह तहखाना हूँ मैं

कहने वाले कुछ भी मुझको कहें 'अक्स'
नाचीज़ मैं कैसे कहूं कि मयखाना हूँ मैं

27. चार दिन की

चार दिन की जिंदगी आओ जी लें शान से
पलों को सहेज ले दिलों में अरमान से

वक़्त आए कब कहाँ कैसे यह किसे पता
तुम भी जाओ जान से हम भी जाएँ जान से

एक मंजिल है जिसके मुसाफिर हैं हम और तुम
साथ मिलकर चलतें हैं फिर क्यूँ रहे अन्जान से

इस जहाँ रहकर भी जिसने उल्फत न किया
कौन जाने कौन थे वो जो गए पहचान से

कैसी बस्ती 'अक्स' तेरी कहाँ है तेरा खुदा
इंसान को इतनी जलन क्यूँ भला इंसान से

28. ये जिंदगी !

ये जिंदगी ! तू इतनी बेवफा क्यूँ है
मैं तुझे चाहता हूँ तो फिर बता क्यूँ है

कितना समझाता हूँ बहलाता हूँ मगर
मुझसे फिर भी खफ़ा खफ़ा क्यूँ है

इक मैं जो तेरे बिन रह नहीं सकता
तू मुझसे ऊब जाती है यह माजरा क्यूँ है

मैंने सुना जो आता वो इक दिन जाता है
तो फिर आने जाने का सिलसिला क्यूँ है

कहते हैं वो खुदा है जो जहाँ बसाता है
जो घर उजाड़ता है वो खुदा क्यूँ है

29. हर तरफ़ मातम

हर तरफ़ मातम है हर तरफ़ रोना है
कितने रूप मौत के हैं एक कोरोना है

ऐसे कैसे फेंक दूँ उठा करके कहीं भी
ज़िंदगी का बोझ है हर हाल में ढोना है

तुम्हारे याद में हम कभी सो नहीं पाए
तुम आए हो तो अब जी भरके सोना है

हम कौन सा ताजोतख़्त लेके आए थे
जो पाना यहीं पर है यहीं पर खोना है

कल रहेंगे तो सोचेंगे आज क्या होगा
आज होने दो 'अक्स' जो आज होना है

30. हर तरफ़ ही

हर तरफ़ ही आज तो बरपा हुआ है इक क़हर
हर दिशाओं, हवाओं में घुल रहा है ये ज़हर

काल की इस कालिमा का अंत जाने है कहाँ,
रोती बिलखती हर गली, चीख़ता है हर शहर

इंसान अब मजबूर है किसी बुत के मानिंद बस,
सन्नाटा भीतर भरा है, रात हो या दोपहर

काश मिल जाए कहीं से रोशनी की इक झलक,
अँधेरा छटने लगेगा, होगी फिर नयी सहर

31. जो कुछ आज

जो कुछ आज दिल में है सब तो कह नहीं सकता
मगर हालात ऐसे हैं कि चुप भी रह नहीं सकता

जिसे पानी समझते हो किसी आवारा दरिया का
मेरी आँखों का मोती है जो यूँ बह नहीं सकता

जिसे तुम खंडहर कहते जो लगता है उजड़ा सा
महल है मेरे सपनों का जो यूँ ढह नहीं सकता

अपने अपने किस्से हैं सबके अपने अपने ग़म
तेरा ग़म तुझे मुबारक मैं ये सह नहीं सकता

32. खुद भी सोइये

खुद भी सोइये दूसरों को भी सुलाते जाईये
यह आखिरी दीप जो बचा है बुझाते जाईये

बेशर्मी का अन्न खाकर हराम का पानी पी
धरती पर अपना बोझ और बढ़ाते जाईये

क्या जरुरत है हाथ-पाँव अब हिलाने की
सुबहोशाम बस आराम ही फरमाते जाईये

पल की जिंदगी में ऐश करिए जी भरकर
शुकूं की मौत का आनंद भी उठाते जाईये

मरने के बाद भी रहे बर्बादी का सिलसिला
वसीहत में अपनी पीढ़ी को यह बताते जाईये

कमाने वाला जाने किस तरह कमाते हैं 'अक्स'
आप तो दोनों हाथों से इसे लुटाते जाईये

33. कलियाँ हमसे

कलियाँ हमसे रोकर पूछे सब भंवरे कहाँ को गए अक्स
अँखियाँ प्यासी बिन देखे उन्हें आज बरस हैं भये अक्स

न मान करे हमरे रस का अब न कोई पान करे
भँवरों के विरह में हम कैसे देखो हैं मुरझा गए अक्स

पहली अपनी खुशबू पर हर पल नाज़ था हमें बड़ा
अपनी इस खुशबू से ही आज हम उकता गए अक्स

हम जो उनके संग उड़ पाती आज न उनसे दूर होती
भगवान भी हमसे रूठे थे पेड़ों से बाँध जो गए अक्स

साँसों का बोझ न सहा जाय अब तन्हा न रहा जाय
मौत न दी तुमने हमको क्यूँ जिन्दा छोड़कर गए अक्स

स्वतंत्र गज़लें

34. शौक से

आप शौक से इक और सितम ढा ही दीजिये
देखिये किस कदर हम सहतें हैं शौक से

आपको कुछ चाहिए तो फरमाईये हुज़ूर
हम तो बस खामोश ही रहते हैं शौक से

आपके सितम तो समंदर की लहरें हैं
किनारों को भी काटकर बहते हैं शौक से

तीर की तो बात क्या खंज़र चलाइए
हम आज खुद ही आप से कहते हैं शौक से

शिकवा गिला 'अक्स' की फितरत में नहीं है
तूफां में आशियाँ भी तो ढहते हैं शौक से

35. कौन?

इंसान ही इंसान के लहू का प्यासा है
शैतान की प्यास अब बुझाएगा कौन?

इंसान को देखकर इंसान जलते हैं
अब चिंगारी से आग जलाएगा कौन?

हर जगह धोखे कपट का बसेरा है
अब आस्तीं का साँप कहलायेगा कौन?

चोर के घर में अब तो चोर ही पलते
कीचड़ में कमल अब खिलायेगा कौन?

लोग एक दूजे की टांग खींचते हैं
अब अंधे को रास्ता बताएगा कौन?

लोगों ने देश के कितने टुकड़े किये हैं
अखंड भारत अब बनाने आएगा कौन?

हर कोई दहशत की जंजीरों में बंधा है
आज़ादी का जश्न अब मनायेगा कौन?

36. छोड़ दिया

इंसान के ज़हर को देखा जो साँप ने
उसने फुंफकार के डराना छोड़ दिया

हुश्न के नशे को देखा जो हमने
शराब पीना और पिलाना छोड़ दिया

तूफ़ान को जो आते देखा अपनी ओर
हमने अपना आशियाँ बनाना छोड़ दिया

हर एक तमन्ना जो खाक में मिली
हमने तो सपने भी सजाना छोड़ दिया

किसी को गुमनाम होते देखा जो हमने
लोगों को अपना नाम बताना छोड़ दिया

लोगों को हँसता देख बेबसी पर किसी की
हमने भी अपना हाल सुनाना छोड़ दिया

किसी के ज़ख्मों में नमक छिड़कते देखा
तो हमने अपना ज़ख्म दिखाना छोड़ दिया

37. जा रहे हैं

बिन तेरे मरना मुनासिब नहीं है
बस इसलिए हम जिए जा रहे हैं

खाली है बोतल जामे जिंदगी की
हम हैं कि उसे यूँ पिए जा रहे हैं

राहें वीरान हैं वो मंजिल है खामोश
हम जिसकी चाहत किये जा रहे है

मेरे लिए तो अब साँसे भी बोझ हैं
बस तेरी वजह से लिए जा रहे हैं

तुझे अब देने के लिए कुछ नहीं है
बस यह अफसाना दिए जा रहे हैं

38. अभी बाकी है

वह सफ़र कट गया तो सोते-सोते ही
इस सफ़र की शुरुवात अभी बाकी है

अँधेरे में सफ़र करने का इरादा नहीं है
सवेरा हो कि थोड़ी रात अभी बाकी है

यह तन्हाई तो बहुत मेरे साथ रह चुकी
उसकी महफ़िल का साथ अभी बाकी है

क्या हुआ गर किसी ने उल्फत नहीं की
दिल में मोहब्बत का ज़ज्बात अभी बाकी है

बेवक्त की बारिश से भीगता रहा हूँ मैं
मौसम की हसीं बरसात अभी बाकी है

मत समझो कि आखिरी सफ़र यह मेरा
कई सफरों की 'अक्स' बात अभी बाकी है

39. बहुत हैं

हर कोई दिल को भाए जरूरी तो नहीं
वैसे तो इस जहाँ में नज़ारे बहुत हैं

हर साहिल पर मुश्किल है मिलना हमसफ़र
यूँ तो समंदर के किनारे बहुत हैं

सबके पास है हुनर कहाँ दिल चुराने का
यूँ तो हर तरफ से इशारे बहुत हैं

हम उन पर मिटे उनको पता नहीं
दिल के करीब जो हमारे बहुत हैं

हमसे गैर कहते हैं आ जा पास तुम
तेरे बगैर हमने दिन गुजारे बहुत हैं

उनकी सी कशिश मिलती ही कहीं नहीं
यूँ चेहरे तो हमने भी निहारे बहुत हैं

चाँद में जो बात है औरों में कहाँ
यूँ तो आसमां में सितारे बहुत है

40. हुज़ूर

हमने कब कहा कि आपने इकरार किया है
पर इन नज़रों को कहाँ लेकर जाइएगा हुज़ूर

झलक रही है इनमे आपके दिल की बेचैनी
कब तलक आखिर इसे छुपाईएगा हुज़ूर

क़दमों को भले आप रोक लेंगे फिर भी
दिल को तो नहीं रोक पाइएगा हुज़ूर

जिस रोज इन क़दमों ने भी कर दी बगावत
इसी दर पर बार-बार आप आइएगा हुज़ूर

क्या कीजियेगा आप अरमानों का फिर 'अक्स'
जब हमें इस जहाँ में न पाइएगा हुज़ूर

41. रहा हूँ मैं

लोग मर मर कर जीते रहते हैं
और जी जीकर मर रहा हूँ मैं

आशियाना हूँ मैं हवाओं का
रोज फिर भी बिखर रहा हूँ मैं

न जाने कब आए कोई तूफां
जिसके खातिर संवर रहा हूँ मैं

असर नशे का मुझे होता नहीं
बरसों तक मय से तर रहा हूँ मैं

मेरी तकदीर उनके हाथ में है
खुद से तकरार कर रहा हूँ मैं

मौत मुझसे मुकर रही है 'अक्स'
जिंदगी से मुकर रहा हूँ मैं

42. तो सही

वो आँखों में मेरी अपनी चाहत देख ले
पर इक बार सामने वो आए तो सही

मैं दुनियाँ के सारे बन्धनों को तोड़ दूँ
कभी अपने पास वो बुलाये तो सही

उल्फत को बयां करकर दिल भर चुका
अब चाहत देखनी है वो दिखाए तो सही

मैं जानता हूँ वो मेरी बातों से खफा है
पर प्यार से इक बार वो समझाए तो सही

43. रहते हैं

कुछ जले-बुझे अरमान मेरे
दिन रात सुलगते रहते हैं

ख्वाबों के आने के डर से
हम शब भर जगते रहते हैं

यें आँखें तो नम रहती हैं पर
इन होठों से हँसते रहते हैं

दिल हमको ठगता रहता है
हम दिल को ठगते रहते हैं

44. तो नहीं

आसमां की चाहत तो धरती भी रखती है
आसमां कभी धरती से मिला तो नहीं

जहाँ ने इस धरती पर पहरे बिठा दिए
टूटा फिर भी यह सिलसिला तो नहीं

तेरी चाहत के सहारे जी लिया मैंने
मगर किया तुझसे कोई गिला तो नहीं

www.ingramcontent.com/pod-product-compliance
Lightning Source LLC
LaVergne TN
LVHW041545060526
838200LV00037B/1156
* 9 7 8 1 6 3 9 4 0 0 5 4 6 *